LESSON 1

大きい数のしくみ

月　日

正かい
12こ中

合かく
10こ

JN044095

1 次の数を 10 倍しましょう。

❶ 700 億《おく》　[　　　]

❷ 20 億　[　　　]

❸ 5 兆《ちょう》　[　　　]

❹ 400 兆　[　　　]

❺ 8000 万　[　　　]

❻ 1200 億　[　　　]

2 次の数を 10 でわりましょう。

❶ 4000 億　[　　　]

❷ 90 兆　[　　　]

❸ 830 億　[　　　]

❹ 3 億　[　　　]

❺ 6 兆　[　　　]

❻ 27 億　[　　　]

答えは 71 ページ☞

LESSON 2

大きい数のたし算

月　日

正かい 8こ中　こ　合かく 7こ

1 38＋29＝67 を使って，答えを求《もと》めましょう。

❶ 38 億《おく》＋29 億

❷ 380 億＋290 億

❸ 3 兆《ちょう》 8000 億＋2 兆 9000 億

2 計算をしましょう。

❶ 4500 億＋2400 億

❷ 130 兆＋390 兆

❸ 2 億 2000 万＋1 億 6000 万

❹ 3 兆 7000 億＋2 兆 4000 億

❺ 7 億 4000 万＋5 億 6000 万

答えは 71 ページ☞

LESSON 3

大きい数のひき算

月　日

正かい 8こ中　こ　合かく 7こ

1 73−49=24 を使って，答えを求《もと》めましょう。

❶ 73 兆《ちょう》−49 兆

[redacted]

❷ 7300 億《おく》−4900 億

❸ 7 億 3000 万−4 億 9000 万

2 計算をしましょう。

❶ 890 億−350 億

❷ 5600 兆−1700 兆

❸ 9 億 4000 万−6 億 2000 万

❹ 7 兆 5000 億−2 兆 8000 億

❺ 3 兆−1 兆 3000 億

3 兆は
2 兆と 10000 億だね。

答えは 71 ページ☞

LESSON 4

大きい数のかけ算

月　日

正かい 10こ中　こ　合かく 9こ

1 計算をしましょう。

❶ 325×213

❷ 938×586

❸ 302×197

❹ 820×639

❺ 691×406

❻ 703×804

2 28×34=952 を使って，答えを求《もと》めましょう。

❶ 2800×340

❷ 28万×34

❸ 28万×34万

❹ 28億《おく》×34万

答えは71ページ☞

LESSON 5

1けたでわるわり算 ①

月　日

正かい 14こ中 　こ

合かく 12こ

1 計算をしましょう。

❶ 80÷2

❷ 50÷5

❸ 90÷3

❹ 160÷8

❺ 240÷6

❻ 270÷9

❼ 360÷4

❽ 420÷7

❾ 400÷5

❿ 210÷3

⓫ 720÷8

⓬ 300÷6

⓭ 540÷9

⓮ 320÷4

答えは71ページ

LESSON 6

1けたでわるわり算 ②

月　日

正かい 14こ中　こ　合かく 12こ

1 計算をしましょう。

❶ $600 \div 2$　　❷ $800 \div 4$

❸ $700 \div 7$　　❹ $1200 \div 3$

❺ $3600 \div 6$　　❻ $1000 \div 5$

❼ $1800 \div 2$　　❽ $6300 \div 9$

❾ $4000 \div 8$　　❿ $1600 \div 4$

⓫ $2100 \div 7$　　⓬ $4800 \div 6$

⓭ $3500 \div 5$　　⓮ $2700 \div 3$

答えは71ページ☞

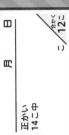

LESSON 7

まとめテスト ①

月　日

正かい 9こ中　こ　合かく 8こ

1 次の数を 10 倍しましょう。

❶ 80 兆《ちょう》　［　　　］

❷ 3000 億《おく》　［　　　］

2 次の数を 10 でわりましょう。

❶ 500 億　［　　　］

❷ 4 兆　［　　　］

3 計算をしましょう。

❶ 380 億+540 億

❷ 4 兆 6000 億−2 兆 9000 億

4 計算をしましょう。

❶ 216×324

❷ 507×298

❸ 481×605

答えは 71 ページ☞

LESSON 8

まとめテスト ②

月　日

正かい 14こ中　こ　合かく 12こ

1 計算をしましょう。

❶ 60÷3　　❷ 180÷6

❸ 250÷5　　❹ 280÷4

❺ 400÷8　　❻ 630÷7

❼ 800÷2　　❽ 900÷9

❾ 1200÷6　　❿ 3000÷5

⓫ 2400÷3　　⓬ 8100÷9

⓭ 2000÷4　　⓮ 5600÷8

答えは 71 ページ☞

LESSON 9

2けた÷1けた の筆算 ①

月　日

正かい 9こ中 　こ／合かく 8こ

1 計算をしましょう。

❶ $3\overline{)69}$

❷ $2\overline{)50}$

❸ $8\overline{)96}$

❹ $5\overline{)75}$

❺ $3\overline{)81}$

❻ $6\overline{)78}$

❼ $7\overline{)84}$

❽ $4\overline{)92}$

❾ $2\overline{)76}$

答えは 72 ページ

LESSON 10

2けた÷1けた の筆算 ②

月　日

正かい 9こ中 こ　合かく 8こ

1 計算をしましょう。

❶ $2\overline{)87}$

❷ $6\overline{)95}$

❸ $3\overline{)79}$

❹ $4\overline{)58}$

❺ $7\overline{)80}$

❻ $2\overline{)93}$

❼ $9\overline{)96}$

❽ $3\overline{)74}$

❾ $5\overline{)67}$

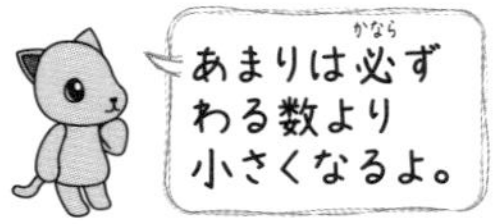

答えは 72 ページ

LESSON 11

3けた÷1けた の筆算 ①

月　日

正かい 9こ中　こ　合かく 8こ

1 計算をしましょう。

❶ $3\overline{)396}$

❷ $2\overline{)514}$

❸ $5\overline{)825}$

❹ $4\overline{)952}$

❺ $6\overline{)702}$

❻ $7\overline{)903}$

❼ $3\overline{)840}$

❽ $9\overline{)981}$

❾ $8\overline{)848}$

答えは 72 ページ☞

LESSON 12

3けた÷1けた の筆算 ②

月　日

正かい 9こ中　こ　合かく 8こ

1 計算をしましょう。

❶ $4\overline{)854}$

❷ $6\overline{)763}$

❸ $3\overline{)896}$

❹ $7\overline{)927}$

❺ $5\overline{)654}$

❻ $2\overline{)701}$

❼ $8\overline{)906}$

❽ $4\overline{)839}$

❾ $9\overline{)960}$

答えは 72 ページ

LESSON 13

3けた÷1けた の筆算 ③

月　日

正かい 9こ中　こ　合かく 8こ

1 計算をしましょう。

❶ $4\overline{)248}$

❷ $2\overline{)174}$

❸ $6\overline{)270}$

❹ $3\overline{)282}$

❺ $5\overline{)365}$

❻ $9\overline{)774}$

❼ $8\overline{)504}$

❽ $7\overline{)203}$

❾ $4\overline{)300}$

答えは 72 ページ☞

LESSON 14

3けた÷1けた の筆算 ④

月　日

正かい 9こ中　こ　合かく 8こ

1 計算をしましょう。

❶ 3)215

❷ 6)339

❸ 2)137

❹ 5)474

❺ 3)179

❻ 9)890

❼ 4)306

❽ 8)300

❾ 7)426

答えは 72 ページ☞

2けた÷1けた の虫食い算

月　日

正かい 4こ中　こ　合かく 3こ

1 □にあてはまる数を書きましょう。

❶
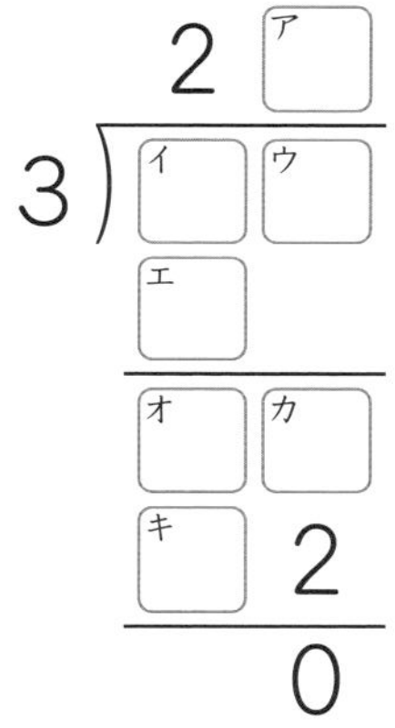

❷
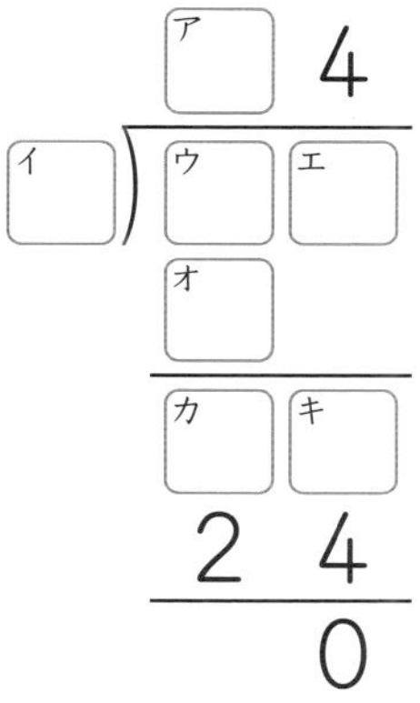

❸
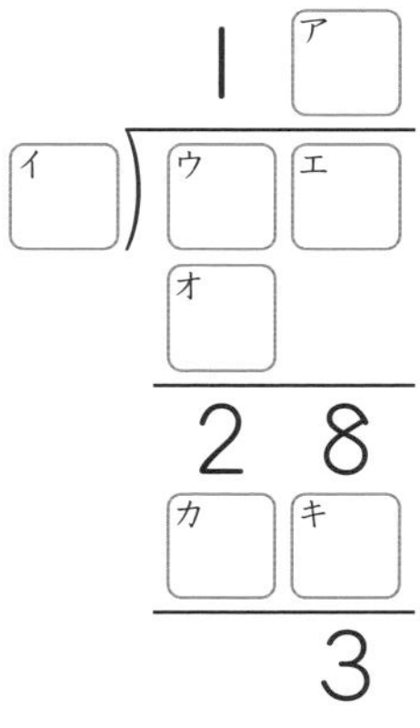

❹
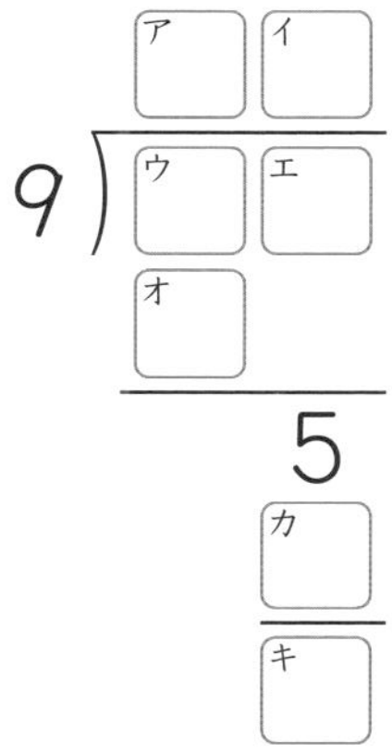

答えは 72 ページ☞

LESSON 16

3けた÷1けた の虫食い算

月　日

正かい 4こ中　こ　合かく 3こ

1 □にあてはまる数を書きましょう。

❶

```
    1 ア□ イ□
4 ) ウ□ エ□ オ□
    カ□
    ----------
    キ□ ク□
    3  2
    ----------
       ケ□ 0
       コ□ サ□
       -------
          0
```

❷

```
       ア□ イ□
7 ) ウ□ 3 エ□
    オ□ カ□
    ----------
       4  5
       キ□ ク□
       -------
          3
```

❸

```
    3 ア□ イ□
3 ) ウ□ エ□ オ□
    カ□
    ----------
       キ□ 3
       ク□ ケ□
       -------
          2
```

❹

```
             6  9
ア□ ) イ□ ウ□ エ□
      オ□ カ□
      ----------
         キ□ ク□
         ケ□ コ□
         -------
            8
```


答えは 73 ページ☞

LESSON 17

まとめテスト ③

月　日

正かい 9こ中　こ　合かく 8こ

1 計算をしましょう。

❶ $3\overline{)93}$

❷ $4\overline{)72}$

❸ $7\overline{)91}$

❹ $6\overline{)84}$

❺ $2\overline{)78}$

❻ $5\overline{)80}$

❼ $3\overline{)82}$

❽ $8\overline{)90}$

❾ $9\overline{)97}$

答えは 73 ページ☞

LESSON 18

まとめテスト ④

月　日

正かい 9こ中　こ　合かく 8こ

1 計算をしましょう。

❶ $2\overline{)694}$

❷ $3\overline{)873}$

❸ $6\overline{)992}$

❹ $7\overline{)760}$

❺ $4\overline{)156}$

❻ $8\overline{)672}$

❼ $5\overline{)268}$

❽ $9\overline{)605}$

❾ $6\overline{)580}$

答えは 73 ページ☞

LESSON 19

わり算の暗算 ①

月　日

正かい 14こ中　こ　合かく 12こ

1 暗算でしましょう。

❶ 39÷3　❷ 64÷2

❸ 88÷4　❹ 51÷3

❺ 65÷5　❻ 58÷2

❼ 96÷4　❽ 90÷6

❾ 36÷3　❿ 82÷2

⓫ 70÷5　⓬ 68÷4

⓭ 87÷3　⓮ 96÷6

答えは 73 ページ

LESSON 20

わり算の暗算 ②

月　日

正かい 14こ中　こ　合かく 12こ

1 暗算でしましょう。

❶ 340÷2　❷ 390÷3

❸ 480÷4　❹ 770÷7

❺ 680÷2　❻ 750÷5

❼ 780÷3　❽ 960÷8

❾ 760÷2　❿ 600÷5

⓫ 560÷4　⓬ 840÷6

⓭ 850÷5　⓮ 910÷7

答えは 73 ページ☞

LESSON 21

計算のじゅんじょ

月　日

正かい 12こ中　こ　合かく 10こ

1 計算をしましょう。

❶ $240+(700-80)$

❷ $(19+41)\times7$

❸ $(75+18)\div3$

❹ $160\div(8\div2)$

❺ $30+25\times2$

❻ $60-48\div3$

❼ $32-12\div2\times5$

❽ $24-(14-5\times2)$

❾ $28\div2+5\times4$

❿ $4\times15-9\div3$

⓫ $10\times(16\div2+6)$

⓬ $(50-8\times4)\div6$

答えは 73 ページ

LESSON 22

計算のきまり ①

月　日

正かい 12こ中　こ　合かく 10こ

1 くふうして計算しましょう。

❶ 68+26+4

❷ 97+64+36

❸ 4.8+28+5.2

❹ 279+366+134

❺ 613+174+387

❻ 132+15.9+24.1

❼ 8×2×5

❽ 5×9×8

❾ 13×4×25

❿ 17×25×40

⓫ 8×9×125

⓬ 35×125×8

答えは 74 ページ☞

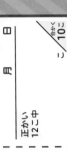

LESSON 23

計算のきまり ②

月　　日

正かい 10こ中　　こ　合かく 9こ

1 くふうして計算しましょう。

❶ $17\times8+23\times8$

❷ $14\times7+7\times86$

❸ $77\times7-27\times7$

❹ $25\times9-5\times25$

❺ $36\div3+54\div3$

❻ $92\div4-72\div4$

❼ 108×9

❽ 97×8

❾ 102×45

❿ 17×99

答えは 74 ページ☞

LESSON 24

小数のたし算 ①

月　日

正かい 12こ中　こ　合かく 10こ

1 計算をしましょう。

❶ $\begin{array}{r} 2.35 \\ +\ 3.14 \\ \hline \end{array}$

❷ $\begin{array}{r} 5.48 \\ +\ 1.24 \\ \hline \end{array}$

❸ $\begin{array}{r} 0.25 \\ +\ 0.69 \\ \hline \end{array}$

❹ $\begin{array}{r} 3.17 \\ +\ 6.53 \\ \hline \end{array}$

❺ $\begin{array}{r} 7.08 \\ +\ 4.06 \\ \hline \end{array}$

❻ $\begin{array}{r} 5.04 \\ +\ 0.96 \\ \hline \end{array}$

❼ $\begin{array}{l} \ \ \ 6 \\ +\ 5.81 \\ \hline \end{array}$

❽ $\begin{array}{l} \ \ \ 8.59 \\ +\ 4 \\ \hline \end{array}$

❾ $\begin{array}{l} \ \ \ 5.6 \\ +\ 3.72 \\ \hline \end{array}$

❿ $\begin{array}{l} \ \ \ 2.98 \\ +\ 7.1 \\ \hline \end{array}$

⓫ $\begin{array}{r} 6.54 \\ +\ 1.46 \\ \hline \end{array}$

⓬ $\begin{array}{r} 0.17 \\ +\ 9.83 \\ \hline \end{array}$

答えは 74 ページ

LESSON 25

小数のたし算 ②

月　日

正かい 12こ中　こ　合かく 10こ

1 計算をしましょう。

❶ $3.264 + 2.523$

❷ $5.329 + 1.254$

❸ $0.248 + 6.715$

❹ $3.093 + 0.826$

❺ $0.072 + 0.458$

❻ $0.387 + 0.513$

❼ $3.091 + 1.709$

❽ $7.358 + 0.712$

❾ $0.84 + 6.069$

❿ $4.36 + 2.645$

⓫ $7.5 + 0.937$

⓬ $2.264 + 9.8$

答えは 74 ページ☞

LESSON 26

小数のひき算 ①

月　日

正かい 12こ中　こ　合かく 10こ

1 計算をしましょう。

❶ $8.75 - 3.41$

❷ $6.23 - 2.19$

❸ $4.08 - 2.34$

❹ $9.65 - 0.85$

❺ $7.62 - 1.6$

❻ $5.34 - 4.3$

❼ $1.87 - 1.29$

❽ $8.02 - 7.53$

❾ $3.4 - 1.37$

❿ $5.1 - 2.63$

⓫ $4 - 3.16$

⓬ $8 - 0.52$

答えは 74 ページ☞

LESSON 27

小数のひき算 ②

月　日

正かい 12こ中　こ　合かく 10こ

1 計算をしましょう。

❶ $\begin{array}{r} 8.29 \\ -\,0.134 \\ \hline \end{array}$

❷ $\begin{array}{r} 5.63 \\ -\,2.318 \\ \hline \end{array}$

❸ $\begin{array}{r} 6.547 \\ -\,3.26 \\ \hline \end{array}$

❹ $\begin{array}{r} 9.076 \\ -\,0.82 \\ \hline \end{array}$

❺ $\begin{array}{r} 2.125 \\ -\,1.9 \\ \hline \end{array}$

❻ $\begin{array}{r} 9.023 \\ -\,7.4 \\ \hline \end{array}$

❼ $\begin{array}{r} 1.8 \\ -\,1.301 \\ \hline \end{array}$

❽ $\begin{array}{r} 4.6 \\ -\,0.072 \\ \hline \end{array}$

❾ $\begin{array}{r} 4 \\ -\,0.083 \\ \hline \end{array}$

❿ $\begin{array}{r} 1 \\ -\,0.096 \\ \hline \end{array}$

⓫ $\begin{array}{r} 2 \\ -\,0.926 \\ \hline \end{array}$

⓬ $\begin{array}{r} 7 \\ -\,0.509 \\ \hline \end{array}$

答えは74ページ☞

LESSON 28

小数のたし算とひき算

月　日

正かい 8こ中　こ　合かく 7こ

1 計算をしましょう。

❶ 4.21+2.9+0.74

❷ 3.75+1.29+1.46

❸ 1.89+2.05−3.73

❹ 6.4+0.83−2.36

❺ 5.01−2.32+1.34

❻ 8−3.29+0.49

❼ 9.6−0.38−7.3

❽ 7−0.64−3.36

答えは 74 ページ

LESSON 29

まとめテスト ⑤

月　日

正かい 14こ中　こ　合かく 12こ

1 暗算でしましょう。

❶ 86÷2　　❷ 52÷4

❸ 960÷3　　❹ 740÷2

2 計算をしましょう。

❶ 150−(40+30)　　❷ 6×(37−25)

❸ 280÷(10−3)　　❹ 300−35×4

❺ 420÷6−2×25　　❻ 5×(28−14÷2)

3 くふうして計算しましょう。

❶ 37+85+63　　❷ 4×68×25

❸ 98×7　　❹ 23×103

答えは 74 ページ☞

LESSON 30

まとめテスト ⑥

月　日

正かい 11こ中　こ　合かく 9こ

1 計算をしましょう。

❶ $\begin{array}{r} 3.62 \\ +4.27 \\ \hline \end{array}$

❷ $\begin{array}{r} 2.36 \\ +5.84 \\ \hline \end{array}$

❸ $\begin{array}{r} 6.53 \\ +3.9 \\ \hline \end{array}$

❹ $\begin{array}{r} 0.95 \\ +2.618 \\ \hline \end{array}$

❺ $\begin{array}{r} 7.83 \\ -4.32 \\ \hline \end{array}$

❻ $\begin{array}{r} 8.06 \\ -3.79 \\ \hline \end{array}$

❼ $\begin{array}{r} 2.7 \\ -0.36 \\ \hline \end{array}$

❽ $\begin{array}{r} 4.23 \\ -3.925 \\ \hline \end{array}$

❾ $\begin{array}{r} 3 \\ -0.068 \\ \hline \end{array}$

2 計算をしましょう。

❶ 2.83+3.7−1.48

❷ 6−2.94+0.35

答えは74ページ☞

LESSON 31

何十でわるわり算

月　日

正かい 14こ中　こ　合かく 12こ

1 計算をしましょう。

❶ $60 \div 30$

❷ $80 \div 20$

❸ $90 \div 50$

❹ $70 \div 30$

❺ $60 \div 40$

❻ $90 \div 20$

❼ $160 \div 80$

❽ $420 \div 70$

❾ $360 \div 40$

❿ $200 \div 50$

⓫ $270 \div 60$

⓬ $510 \div 80$

⓭ $400 \div 90$

⓮ $650 \div 70$

答えは 75 ページ☞

LESSON 32

2けた÷2けた の筆算 ①

月　　日

正かい 12こ中　　こ　合かく 10こ

1 計算をしましょう。

❶ $23\overline{)69}$

❷ $44\overline{)88}$

❸ $31\overline{)93}$

❹ $12\overline{)84}$

❺ $25\overline{)75}$

❻ $17\overline{)68}$

❼ $46\overline{)92}$

❽ $29\overline{)87}$

❾ $18\overline{)90}$

❿ $37\overline{)74}$

⓫ $13\overline{)91}$

⓬ $24\overline{)96}$

答えは 75 ページ

LESSON 33

2けた÷2けた の筆算 ②

月　日

正かい 12こ中 こ　合かく 10こ

1 計算をしましょう。

❶ $21\overline{)67}$

❷ $13\overline{)29}$

❸ $32\overline{)98}$

❹ $14\overline{)78}$

❺ $35\overline{)80}$

❻ $28\overline{)93}$

❼ $16\overline{)70}$

❽ $27\overline{)92}$

❾ $42\overline{)65}$

❿ $39\overline{)88}$

⓫ $22\overline{)96}$

⓬ $15\overline{)52}$

答えは75ページ

LESSON 34

3けた÷2けた の筆算 ①

月　日

正かい 12こ中　こ　合かく 10こ

1 計算をしましょう。

❶ $32\overline{)128}$　❷ $41\overline{)369}$　❸ $73\overline{)146}$

❹ $28\overline{)252}$　❺ $57\overline{)285}$　❻ $14\overline{)112}$

❼ $34\overline{)204}$　❽ $75\overline{)600}$　❾ $87\overline{)609}$

❿ $36\overline{)216}$　⓫ $23\overline{)184}$　⓬ $69\overline{)483}$

答えは 75 ページ

LESSON 35

3けた÷2けた の筆算 ②

月　日

正かい 12こ中　こ　合かく 10こ

1 計算をしましょう。

❶ 21)169	❷ 46)234	❸ 62)188
❹ 43)177	❺ 65)472	❻ 53)328
❼ 78)406	❽ 31)201	❾ 55)500
❿ 84)483	⓫ 39)342	⓬ 27)180

答えは 75 ページ☞

LESSON 36

3けた÷2けた の筆算 ③

月　　日
正かい 9こ中　　こ
合かく 8こ

1 計算をしましょう。

❶ $12\overline{)384}$

❷ $31\overline{)775}$

❸ $44\overline{)528}$

❹ $23\overline{)368}$

❺ $37\overline{)851}$

❻ $26\overline{)962}$

❼ $45\overline{)630}$

❽ $19\overline{)703}$

❾ $28\overline{)700}$

答えは75ページ

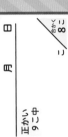

LESSON 37

3けた÷2けた の筆算 ④

月　日

正かい 9こ中　こ　合かく 8こ

1 計算をしましょう。

❶ $32\overline{)678}$

❷ $41\overline{)545}$

❸ $53\overline{)759}$

❹ $26\overline{)836}$

❺ $34\overline{)621}$

❻ $17\overline{)435}$

❼ $78\overline{)940}$

❽ $25\overline{)603}$

❾ $39\overline{)804}$

答えは 75 ページ☞

LESSON 38

4けた÷2けた の筆算

月　日

正かい 9こ中　こ　合かく 8こ

1 計算をしましょう。

❶ 23)4968

❷ 17)5933

❸ 34)5261

❹ 49)4557

❺ 38)3306

❻ 15)1195

❼ 82)8692

❽ 21)9043

❾ 46)3900

答えは 75 ページ☞

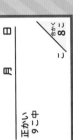

LESSON 39

4けた÷3けた の筆算

月　日

正かい 9こ中　こ　合かく 8こ

1 計算をしましょう。

❶ 124)1984

❷ 316)8532

❸ 271)8943

❹ 347)5205

❺ 182)7826

❻ 225)5400

❼ 538)7608

❽ 169)6600

❾ 453)8250

答えは 75 ページ

LESSON 40

わり算のくふう

月　日

正かい 12こ中　こ　合かく 10こ

1 筆算のしかたをくふうして，計算しましょう。

❶ $60\overline{)5400}$

❷ $40\overline{)4800}$

❸ $30\overline{)1300}$

❹ $200\overline{)1600}$

❺ $700\overline{)9100}$

❻ $900\overline{)5000}$

❼ $160\overline{)6400}$

❽ $350\overline{)9800}$

❾ $280\overline{)8500}$

❿ $400\overline{)14000}$

⓫ $200\overline{)36000}$

⓬ $300\overline{)20000}$

答えは 76 ページ☞

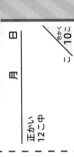

LESSON 41

3けた÷2けた の虫食い算

月　日

正かい 4こ中　こ　合かく 3こ

1 □にあてはまる数を書きましょう。

❶

```
        [ア][イ]
27 ) 7  8 [ウ]
    [エ][オ]
    [カ][キ][ク]
    [ケ][コ][サ]
             0
```

❷

```
           1 [ア]
3[イ] ) 4 [ウ] 5
       [エ] 3
       [オ][カ][キ]
            9 [ク]
               6
```

❸

```
            [ア][イ]
[ウ]7 ) [エ][オ] 7
        [カ] 4
            [キ][ク]
            [ケ][コ]
             1  2
```

❹

```
           1 [ア]
[イ]8 ) 4 [ウ] 5
      [エ][オ]
          [カ][キ]
          [ク][ケ]
               9
```


答えは 76 ページ☞

LESSON 42　4けた÷2けた の虫食い算

月　日

正かい 3こ中　こ／合かく 2こ

1 □にあてはまる数を書きましょう。

❶

```
          2 [ア]
      ─────────────
[イ]3 ) [ウ][エ] 3 [オ]
        [カ] 2  6
        ─────────────
            [キ][ク] 8
            [ケ][コ][サ]
            ─────────
                 1  1
```

❷

```
              [ア][イ]
      ──────────────────
38 ) 1 [ウ][エ] 4
       [オ][カ]
     ──────────────────
       [キ][ク][ケ]
       [コ][サ][シ]
       ───────────
                0
```

❸

```
               [ア][イ]
         ──────────────────
[ウ][エ] ) [オ][カ][キ] 6
              [ク] 5
           ────────────
                [ケ][コ]
                [サ][シ]
                ────────
                     0
```

答えは 76 ページ

LESSON 43

まとめテスト ⑦

月　日

正かい 12こ中　こ　合かく 10こ

1 計算をしましょう。

❶ 12)48

❷ 38)76

❸ 17)85

❹ 23)73

❺ 11)90

❻ 26)64

❼ 42)168

❽ 29)232

❾ 34)306

❿ 18)119

⓫ 45)320

⓬ 67)623

答えは 77 ページ☞

LESSON 44

まとめテスト ⑧

月　日

正かい 9こ中　こ　合かく 8こ

1 計算をしましょう。

❶ $24\overline{)696}$

❷ $47\overline{)752}$

❸ $33\overline{)600}$

❹ $15\overline{)4905}$

❺ $68\overline{)5916}$

❻ $26\overline{)1931}$

❼ $143\overline{)3289}$

❽ $352\overline{)8800}$

❾ $239\overline{)4392}$

答えは77ページ

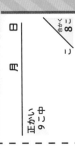

LESSON 45

計算の見《み》積《つ》もり ①

月　日

正かい 12こ中　こ／合かく 10こ

1 四捨五入《ししゃごにゅう》して(　)の中の位《くらい》までのがい数にしてから，答えを見積もりましょう。

❶ 286+529（百の位）

❷ 827−296（百の位）

❸ 304+219（十の位）

❹ 938−143（十の位）

❺ 8426+1995（百の位）

❻ 2637−1351（百の位）

❼ 7356+4908（千の位）

❽ 8263−4959（千の位）

❾ 4544+5980（上から２けた）

❿ 6801−3994（上から２けた）

⓫ 67293+22504（上から２けた）

⓬ 71458−50595（上から２けた）

答えは 77 ページ☞

LESSON 46

計算の見積《みつ》もり ②

月　日

正かい 12こ中　こ／合かく 10こ

1 四捨五入《ししゃごにゅう》して上から１けたのがい数にしてから，答えを見積もりましょう。

❶ 86×804　　❷ 981×53

❸ 285×428　　❹ 689×115

❺ 5945×189　　❻ 307×1090

❼ 1296×1686　　❽ 7937÷21

❾ 5180÷47　　❿ 20923÷98

⓫ 31595÷63　　⓬ 5794÷186

答えは 77 ページ

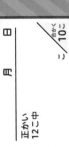

LESSON 47

分数のたし算 ①

月　日

正かい 12こ中　こ　合かく 10こ

1 計算をしましょう。

❶ $\frac{3}{4}+\frac{2}{4}$

❷ $\frac{5}{7}+\frac{3}{7}$

❸ $\frac{7}{9}+\frac{4}{9}$

❹ $\frac{4}{5}+\frac{4}{5}$

❺ $\frac{6}{8}+\frac{7}{8}$

❻ $\frac{5}{6}+\frac{2}{6}$

❼ $\frac{2}{3}+\frac{5}{3}$

❽ $\frac{9}{5}+\frac{2}{5}$

❾ $\frac{5}{4}+\frac{3}{4}$

❿ $\frac{4}{7}+\frac{8}{7}$

⓫ $\frac{7}{8}+\frac{9}{8}$

⓬ $\frac{10}{9}+\frac{4}{9}$

答えは 77 ページ☞

LESSON 48

分数のたし算 ②

月　日

正かい 12こ中　こ／合《ごう》かく 10こ

1 計算をしましょう。

❶ $\frac{2}{5}+1\frac{1}{5}$

❷ $1\frac{2}{6}+\frac{3}{6}$

❸ $\frac{3}{7}+2\frac{2}{7}$

❹ $3\frac{3}{4}+\frac{1}{4}$

❺ $2\frac{7}{9}+\frac{4}{9}$

❻ $\frac{4}{8}+1\frac{7}{8}$

❼ $1\frac{1}{3}+2\frac{1}{3}$

❽ $2\frac{1}{5}+1\frac{3}{5}$

❾ $2\frac{2}{7}+2\frac{3}{7}$

❿ $1\frac{2}{9}+3\frac{5}{9}$

⓫ $3+1\frac{1}{2}$

⓬ $2\frac{3}{8}+4$

答えは 77 ページ

LESSON 49

分数のひき算 ①

月　日

正かい 12こ中　こ ／ 合かく 10こ

1 計算をしましょう。

❶ $\frac{6}{5}-\frac{2}{5}$

❷ $\frac{5}{4}-\frac{2}{4}$

❸ $\frac{9}{7}-\frac{4}{7}$

❹ $\frac{8}{3}-\frac{2}{3}$

❺ $\frac{10}{9}-\frac{8}{9}$

❻ $\frac{11}{8}-\frac{3}{8}$

❼ $\frac{13}{7}-\frac{9}{7}$

❽ $\frac{9}{4}-\frac{5}{4}$

❾ $\frac{14}{6}-\frac{9}{6}$

❿ $\frac{12}{5}-\frac{8}{5}$

⓫ $\frac{11}{3}-\frac{4}{3}$

⓬ $\frac{15}{6}-\frac{8}{6}$

答えは 78 ページ☞

LESSON 50

分数のひき算 ②

月　日

正かい 12こ中　こ　合かく 10こ

1 計算をしましょう。

❶ $1\frac{2}{3}-\frac{1}{3}$

❷ $2\frac{3}{4}-\frac{2}{4}$

❸ $2\frac{7}{8}-\frac{4}{8}$

❹ $4\frac{1}{5}-\frac{4}{5}$

❺ $3\frac{2}{7}-\frac{5}{7}$

❻ $3-\frac{2}{3}$

❼ $2\frac{4}{5}-1\frac{3}{5}$

❽ $3\frac{3}{4}-2\frac{2}{4}$

❾ $3\frac{7}{9}-1\frac{2}{9}$

❿ $4\frac{5}{7}-2\frac{2}{7}$

⓫ $4-3\frac{5}{6}$

⓬ $6-1\frac{5}{8}$

答えは 78 ページ

LESSON 51

まとめテスト ⑨

月　日

正かい 12こ中　こ　合かく 10こ

1 四捨五入《ししゃごにゅう》して(　)の中の位《くらい》までのがい数にしてから，答えを見積《みつ》もりましょう。

❶ 443+576（百の位）　❷ 891−409（百の位）

❸ 1082+3969（千の位）　❹ 7492−2403（千の位）

❺ 6953+2085（上から２けた）　❻ 4643−1770（上から２けた）

2 四捨五入して上から１けたのがい数にしてから，答えを見積もりましょう。

❶ 492×26　❷ 793×325

❸ 6498×181　❹ 3809×8164

❺ 8849÷32　❻ 4056÷193

答えは 78 ページ☞

LESSON 52

まとめテスト ⑩

月　日

正かい 12こ中　こ　合かく 10こ

1 計算をしましょう。

❶ $\frac{2}{7}+\frac{6}{7}$

❷ $\frac{10}{8}-\frac{7}{8}$

❸ $\frac{8}{9}+\frac{11}{9}$

❹ $\frac{9}{5}-\frac{6}{5}$

❺ $\frac{7}{6}+\frac{5}{6}$

❻ $\frac{13}{4}-\frac{9}{4}$

❼ $\frac{2}{3}+2\frac{2}{3}$

❽ $1\frac{5}{7}-\frac{3}{7}$

❾ $3\frac{2}{5}+1\frac{1}{5}$

❿ $4\frac{8}{9}-1\frac{3}{9}$

⓫ $2+3\frac{3}{4}$

⓬ $3-1\frac{1}{6}$

答えは 78 ページ

LESSON 53

小数のかけ算 ①

月　日

正かい 14こ中　こ　合かく 12こ

1 計算をしましょう。

❶ 0.3×4　　❷ 0.6×6

❸ 0.9×3　　❹ 0.5×8

❺ 0.4×9　　❻ 0.7×5

❼ 0.02×2　　❽ 0.08×3

❾ 0.09×9　　❿ 0.04×8

⓫ 0.05×4　　⓬ 0.03×7

⓭ 0.06×5　　⓮ 0.07×6

答えは 78 ページ☞

LESSON 54

小数のかけ算 ②

月　日

正かい 12こ中　こ　合かく 10こ

1 計算をしましょう。

❶ 3.2×4

❷ 8.1×3

❸ 2.6×2

❹ 5.4×8

❺ 4.9×7

❻ 3.5×6

❼ 14.2×3

❽ 27.4×7

❾ 0.63×4

❿ 0.98×5

⓫ 9.27×2

⓬ 6.75×4

答えは 78 ページ☞

LESSON 55

小数のかけ算 ③

月　日

正かい 12こ中　こ　合かく 10こ

1 計算をしましょう。

❶ 0.4×36

❷ 0.7×28

❸ 0.6×85

❹ 0.09×47

❺ 0.08×39

❻ 0.05×34

❼ 0.03×26

❽ 0.21×13

❾ 0.58×72

❿ 0.94×28

⓫ 0.37×80

⓬ 0.46×35

小数点の位置《いち》に注意！

答えは 79 ページ☞

LESSON 56

小数のかけ算 ④

月　日

正かい 12こ中　こ　合かく 10こ

1 計算をしましょう。

❶ 1.3×23

❷ 2.8×34

❸ 3.2×57

❹ 4.7×36

❺ 2.6×78

❻ 5.4×49

❼ 23.1×12

❽ 12.6×44

❾ 38.7×23

❿ 18.5×38

⓫ 5.13×46

⓬ 4.09×27

答えは 79 ページ

LESSON 57

小数のわり算 ①

月　日

正かい 13こ中　こ　合かく 11こ

1 計算をしましょう。

❶ 0.8÷2　❷ 2.7÷9

❸ 4.2÷7　❹ 3.6÷4

2 計算をしましょう。

❶ $3\overline{)6.9}$　❷ $2\overline{)7.8}$　❸ $8\overline{)9.6}$

❹ $5\overline{)18.5}$　❺ $7\overline{)30.1}$　❻ $6\overline{)72.6}$

❼ $4\overline{)83.6}$　❽ $3\overline{)0.51}$　❾ $9\overline{)5.22}$

答えは 79 ページ☞

LESSON 58

小数のわり算 ②

月　日

正かい 12こ中　　こ

合かく 10こ

1 計算をしましょう。

❶ $13 \overline{)\,15.6}$

❷ $27 \overline{)\,86.4}$

❸ $32 \overline{)\,89.6}$

❹ $24 \overline{)\,55.2}$

❺ $19 \overline{)\,93.1}$

❻ $31 \overline{)\,80.6}$

❼ $15 \overline{)\,4.5}$

❽ $46 \overline{)\,36.8}$

❾ $28 \overline{)\,3.92}$

❿ $34 \overline{)\,91.8}$

⓫ $21 \overline{)\,0.84}$

⓬ $52 \overline{)\,4.68}$

答えは 79 ページ☞

LESSON 59

小数のわり算 ③

月　　日

正かい 12こ中　　こ ／ 合かく 10こ

1 商は一の位《くらい》まで求《もと》めて，あまりもだしましょう。

❶ 6)73.4　　❷ 4)98.2　　❸ 7)91.8

❹ 3)62.3　　❺ 8)72.2　　❻ 9)40.6

❼ 25)59.7　　❽ 17)93.4　　❾ 14)60.8

❿ 39)80.5　　⓫ 28)84.9　　⓬ 12)94.1

答えは 79 ページ☞

LESSON 60

小数のわり算 ④

月　　日

正かい 9こ中　　こ　合かく 8こ

1 わり切れるまで計算しましょう。

❶ $4\overline{)14}$

❷ $6\overline{)27}$

❸ $5\overline{)37}$

❹ $8\overline{)2}$

❺ $4\overline{)3}$

❻ $15\overline{)6}$

❼ $16\overline{)36}$

❽ $25\overline{)46}$

❾ $96\overline{)12}$

答えは 79 ページ

LESSON 61

小数のわり算 ⑤

月　日

正かい 9こ中　こ　合かく 8こ

1 わり切れるまで計算しましょう。

❶ 4）7.4

❷ 6）8.7

❸ 8）5.2

❹ 8）8.4

❺ 4）2.7

❻ 18）22.5

❼ 26）9.1

❽ 55）30.8

❾ 35）71.4

答えは79ページ☞

LESSON 62

小数のわり算 ⑥

月　日

正かい 9こ中　こ　合かく 8こ

1 商は四捨五入《ししゃごにゅう》して，$\frac{1}{10}$の位《くらい》までのがい数で求《もと》めましょう。

❶ $3\overline{)1.4}$

❷ $56\overline{)48}$

❸ $24\overline{)22.6}$

❹ $7\overline{)47}$

❺ $49\overline{)110}$

❻ $13\overline{)32.3}$

2 商は四捨五入して，上から2けたのがい数で求めましょう。

❶ $8\overline{)19}$

❷ $9\overline{)9.8}$

❸ $37\overline{)58.5}$

答えは79ページ☞

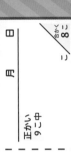

LESSON 63

まとめテスト ⑪

月　日

正かい 12こ中　こ　合かく 10こ

1 計算をしましょう。

❶ 4.2×3

❷ 6.8×7

❸ 2.7×4

❹ 13.2×5

❺ 0.39×8

❻ 2.84×6

❼ 0.3×92

❽ 5.3×18

❾ 4.6×31

❿ 0.08×75

⓫ 3.07×24

⓬ 64.2×39

答えは 80 ページ☞

LESSON 64

まとめテスト ⑫

月　日

正かい 9こ中　　こ　合かく 8こ

1 わり切れるまで計算しましょう。

❶ $4\overline{)6.8}$

❷ $6\overline{)8.4}$

❸ $21\overline{)75.6}$

❹ $38\overline{)34.2}$

❺ $12\overline{)15}$

❻ $25\overline{)8.5}$

2 商は四捨五入《ししゃごにゅう》して，上から 2 けたのがい数で求《もと》めましょう。

❶ $7\overline{)26}$

❷ $19\overline{)30}$

❸ $24\overline{)32.8}$

答えは 80 ページ

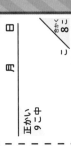

LESSON 65

面《めん》積《せき》の計算 ①

月　日

正かい 6こ中　こ　合かく 5こ

1 次の長方形や正方形の面積を求《もと》めましょう。

❶

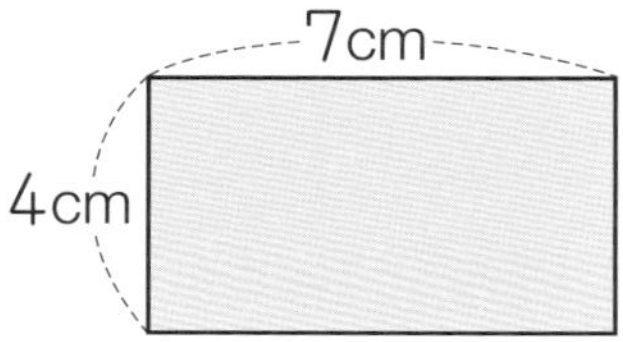

[　　　　]

❷

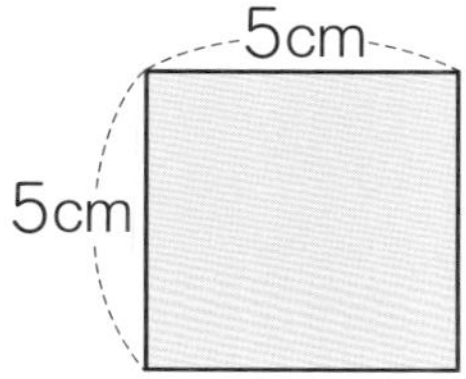

[　　　　]

❸ まわりの長さが 24 cm の正方形

[　　　　]

❹ まわりの長さが 40 cm で，たての長さが 8 cm の長方形

[　　　　]

2 □にあてはまる数を求めましょう。

❶

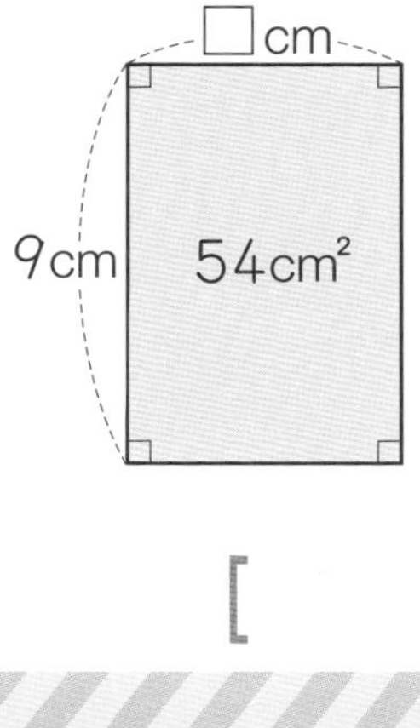

[　　　　]

❷

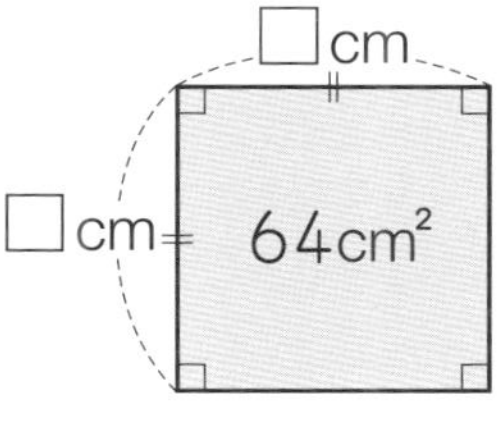

[　　　　]

答えは 80 ページ☞

LESSON 66

面《めん》積《せき》の計算 ②

月　日

正かい 4こ中

合かく 3こ　こ

1 次の図形の面積を求《もと》めましょう。

❶

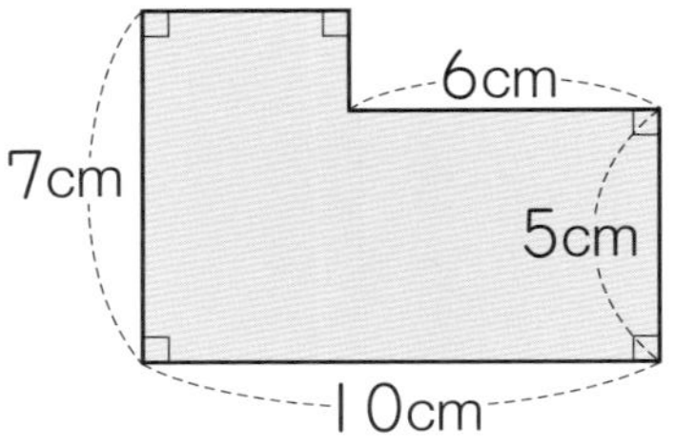

[　　　　]

❷

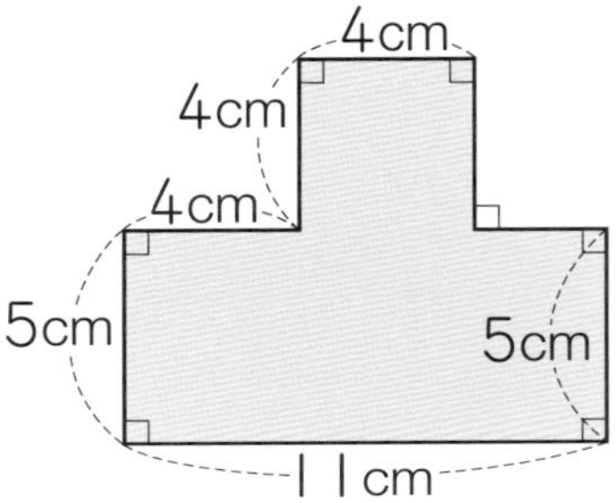

[　　　　]

❸

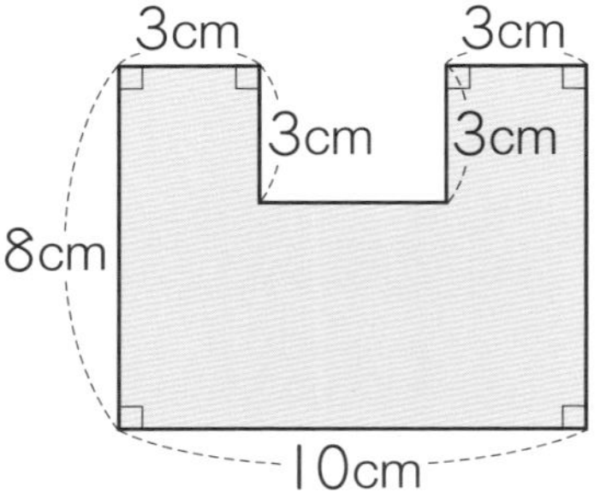

[　　　　]

❹

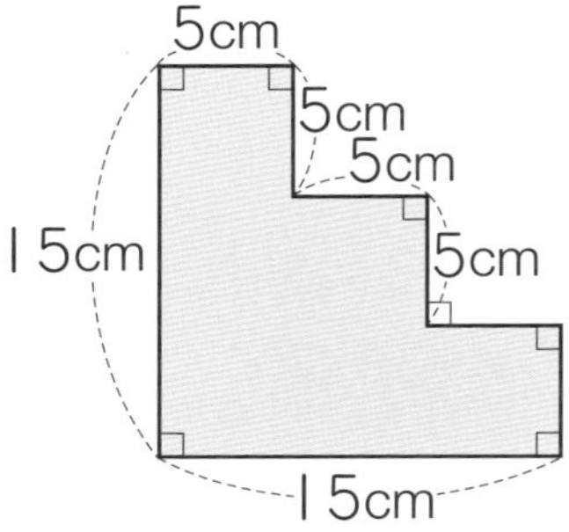

[　　　　]

答えは 80 ページ☞

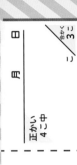

面《めん》積《せき》の計算 ③

月　日

正かい 4こ中 こ　合かく 3こ

1 次の図形の色のついた部分の面積を求《もと》めましょう。

❶
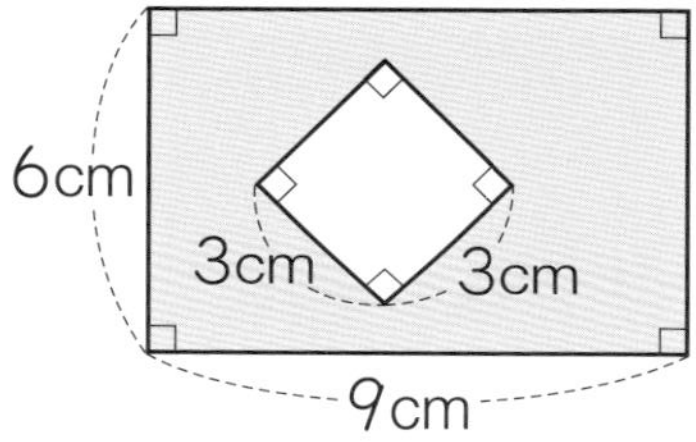

[　　　　]

❷
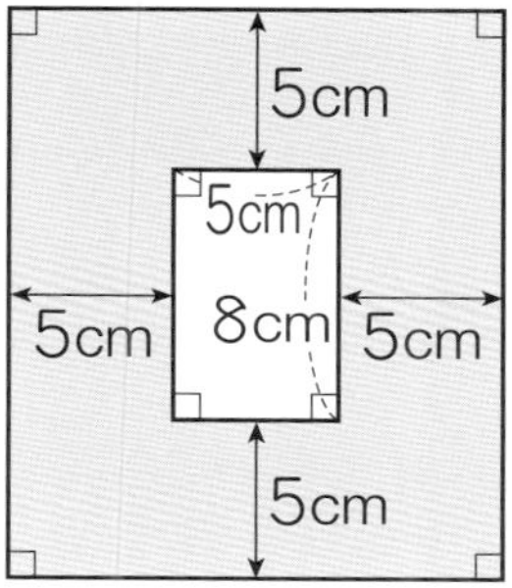

[　　　　]

❸
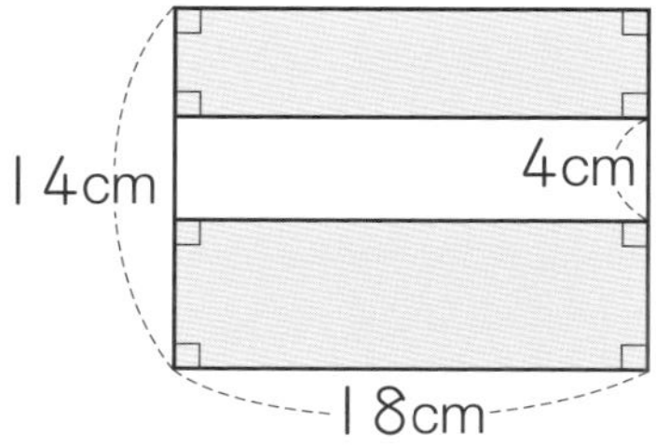

[　　　　]

❹
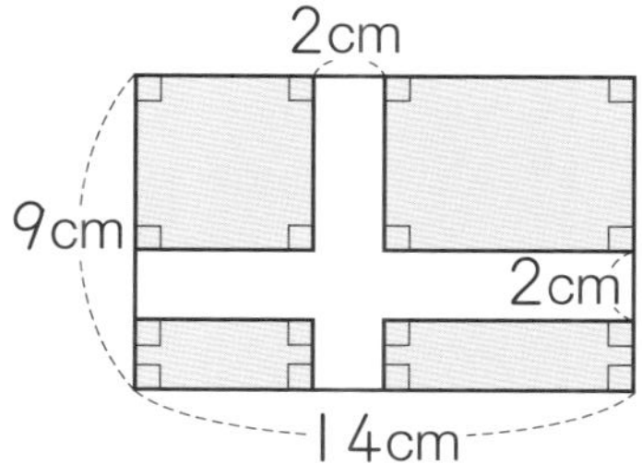

[　　　　]

答えは 80 ページ☞

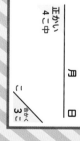

LESSON 68

面《めん》積《せき》の計算 ④

月　日

正かい 9こ中　こ／合かく 8こ

1 □にあてはまる数を書きましょう。

❶ 1 m^2 = □ cm^2

❷ 1 a = □ m^2

❸ 1 ha = □ m^2

❹ 1 km^2 = □ m^2

❺ 1 ha = □ a　　❻ 1 km^2 = □ ha

2 次の図形の面積を，(　)の中の単《たん》位《い》で表しましょう。

❶ たて 20 m，横 30 m の長方形 (a)

[　　　　]

❷ 1 辺《ぺん》が 200 m の正方形 (ha)

[　　　　]

❸ たて 700 m，横 1.2 km の長方形 (ha)

[　　　　]

答えは 80 ページ☞

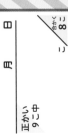

LESSON 69

まとめテスト ⑬

月　日

正かい 4こ中　こ　合かく 3こ

1 次の図形の色のついた部分の面積《めんせき》を求《もと》めましょう。

❶

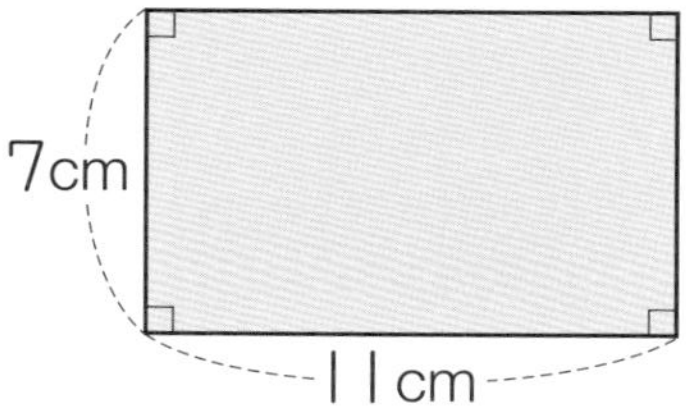

[　　　　]

❷

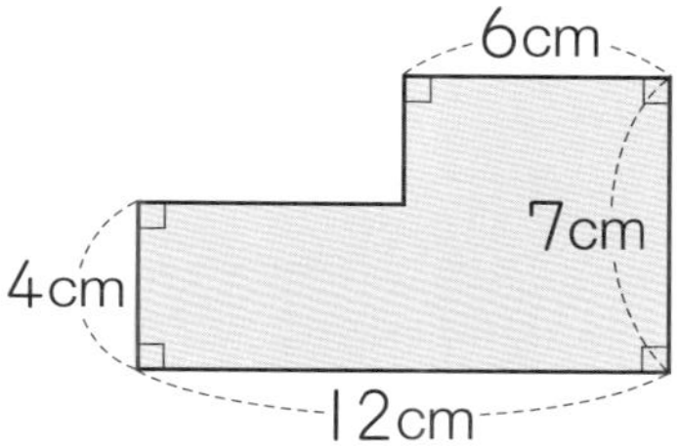

[　　　　]

❸

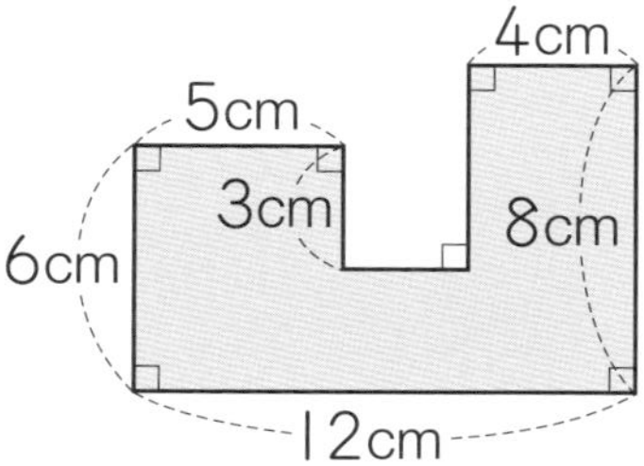

[　　　　]

❹

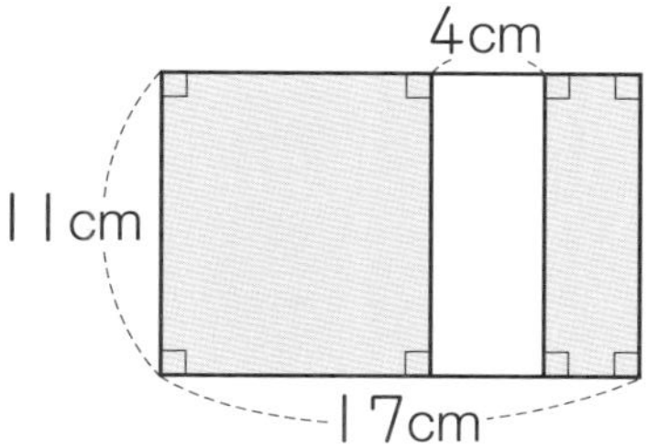

[　　　　]

答えは 80 ページ☞

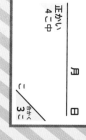

LESSON 70

まとめテスト ⑭

月　日

正かい 6こ中　こ／合かく 5こ

1 次の長方形や正方形の面積《めんせき》を，(　　)の中の単位《たんい》で表しましょう。

❶
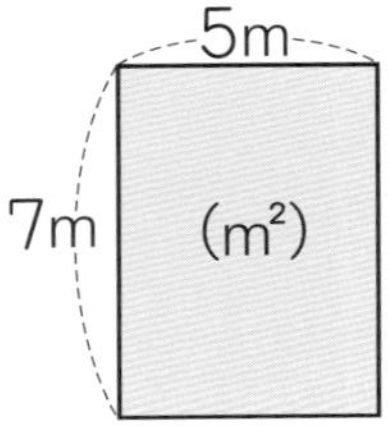

[　　　　]

❷
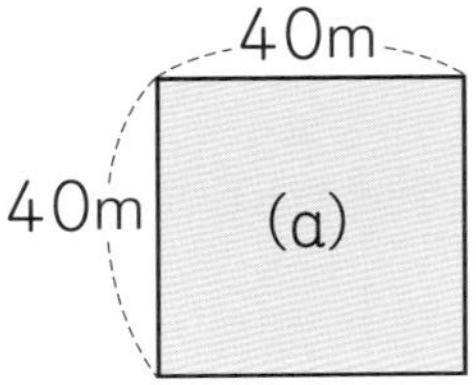

[　　　　]

❸
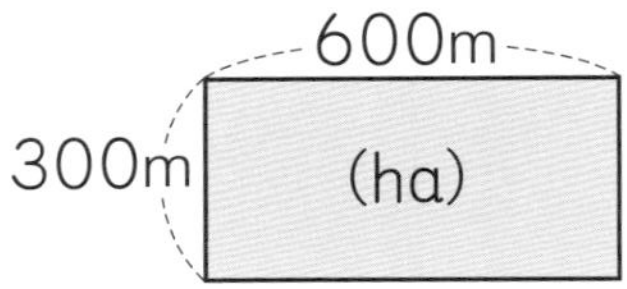

[　　　　]

❹
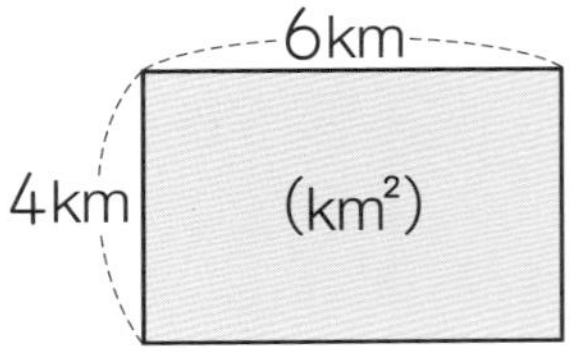

[　　　　]

2 次の問いに答えましょう。

❶ まわりの長さが 200 m の正方形の面積は何 a ですか。

[　　　　]

❷ 面積が 6 ha で，たての長さが 120 m の長方形の横の長さは何 m ですか。

[　　　　]

答えは 80 ページ☞

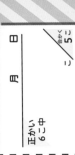

答 え

計算4年

① 大きい数のしくみ　1ページ

1 ❶7000億　❷200億
❸50兆　❹4000兆
❺8億　❻1兆2000億

2 ❶400億　❷9兆
❸83億　❹3000万
❺6000億　❻2億7000万

≫考え方 ある数を10倍すると，位《くらい》は1けた上がり，10でわると，位は1けた下がります。

② 大きい数のたし算　2ページ

1 ❶67億　❷670億
❸6兆7000億

2 ❶6900億　❷520兆
❸3億8000万
❹6兆1000億　❺13億

③ 大きい数のひき算　3ページ

1 ❶24兆　❷2400億
❸2億4000万

2 ❶540億　❷3900兆
❸3億2000万
❹4兆7000億
❺1兆7000億

④ 大きい数のかけ算　4ページ

1 ❶69225　❷549668
❸59494　❹523980
❺280546　❻565212

2 ❶952000　❷952万
❸952億　❹952兆《ちょう》

⑤ 1けたでわるわり算 ①　5ページ

1 ❶40　❷10　❸30　❹20
❺40　❻30　❼90　❽60
❾80　❿70　⓫90　⓬50
⓭60　⓮80

⑥ 1けたでわるわり算 ②　6ページ

1 ❶300　❷200　❸100
❹400　❺600　❻200
❼900　❽700　❾500
❿400　⓫300　⓬800
⓭700　⓮900

⑦ まとめテスト ①　7ページ

1 ❶800兆　❷3兆

2 ❶50億　❷4000億

3 ❶920億　❷1兆7000億

4 ❶69984　❷151086
❸291005

⑧ まとめテスト ②　8ページ

1 ❶20　❷30　❸50　❹70
❺50　❻90　❼400

❽ 100　❾ 200　❿ 600
⓫ 800　⓬ 900　⓭ 500
⓮ 700

⑨ 2けた÷1けた の筆算 ① 9ページ

1 ❶ 23　❷ 25　❸ 12　❹ 15
❺ 27　❻ 13　❼ 12　❽ 23
❾ 38

⑩ 2けた÷1けた の筆算 ② 10ページ

1 ❶ 43 あまり 1　❷ 15 あまり 5
❸ 26 あまり 1　❹ 14 あまり 2
❺ 11 あまり 3　❻ 46 あまり 1
❼ 10 あまり 6　❽ 24 あまり 2
❾ 13 あまり 2

»考え方 あまりがわる数より小さくなっているかかくにんし，「わる数×商+あまり=わられる数」の式にあてはめて，答えのたしかめもしましょう。

⑪ 3けた÷1けた の筆算 ① 11ページ

1 ❶ 132　❷ 257　❸ 165
❹ 238　❺ 117　❻ 129
❼ 280　❽ 109　❾ 106

⑫ 3けた÷1けた の筆算 ② 12ページ

1 ❶ 213 あまり 2
❷ 127 あまり 1
❸ 298 あまり 2
❹ 132 あまり 3
❺ 130 あまり 4
❻ 350 あまり 1
❼ 113 あまり 2
❽ 209 あまり 3
❾ 106 あまり 6

⑬ 3けた÷1けた の筆算 ③ 13ページ

1 ❶ 62　❷ 87　❸ 45　❹ 94
❺ 73　❻ 86　❼ 63　❽ 29
❾ 75

⑭ 3けた÷1けた の筆算 ④ 14ページ

1 ❶ 71 あまり 2　❷ 56 あまり 3
❸ 68 あまり 1　❹ 94 あまり 4
❺ 59 あまり 2　❻ 98 あまり 8
❼ 76 あまり 2　❽ 37 あまり 4
❾ 60 あまり 6

⑮ 2けた÷1けた の虫食い算 15ページ

1 ❶ ア 4，イ 7，ウ 2，エ 6，
オ 1，カ 2，キ 1
❷ ア 1，イ 6，ウ 8，エ 4，
オ 6，カ 2，キ 4
❸ ア 5，イ 5，ウ 7，エ 8，
オ 5，カ 2，キ 5
❹ ア 1，イ 0，ウ 9，エ 5，
オ 9，カ 0，キ 5

»考え方 ❶ 3×ア の一の位《くらい》が 2 なので，ア=4。キは 3×4 の十の位なので，キ=1。
オカ=12+0=12。カ=2 だから，ウ=2。エ=3×2=6。イ=6+1=7
別解 ア=4 とわかったら，イウ=3×24=72 より，72÷3 を計算して残《のこ》りを求《もと》めることができます。

❷ イ×4=24 より，イ=6。6×ア が 1 けたになるアは 1 しかありません。
❸ カキ=28−3=25。イ×ア=25 となるイ，アは イ=ア=5 しかありません。
❹ エ=5。ウ5÷9 の商が 2 けたになるウは 9 しかありません。

⑯ 3けた÷1けた の虫食い算　16ページ

1 ❶ ア8，イ5，ウ7，エ4，オ0，カ4，キ3，ク4，ケ2，コ2，サ0
❷ ア7，イ6，ウ5，エ5，オ4，カ9，キ4，ク2
❸ ア0，イ7，ウ9，エ2，オ3，カ9，キ2，ク2，ケ1
❹ ア9，イ6，ウ2，エ9，オ5，カ4，キ8，ク9，ケ8，コ1

≫考え方 ❶ ア=32÷4=8。サ=0−0=0 で，4×イ の一の位《くらい》が 0 なので，イ=5。ウエオ=4×185=740
❷ キク=45−3=42。イ=42÷7=6。カ=13−4=9 で，7×ア の一の位が 9 なので，ア=7
❸ カ=3×3=9。ケ=3−2=1 で，3×イ の一の位が 1 なので，イ=7。ク=キ=エ=2 で，2÷3 の商は 0 なので，ア=0
❹ わる数は 1 けたで，あまりの 8 よりも大きい数でなければならないから，アは 9 しかありません。

⑰ まとめテスト ③　17ページ

1 ❶ 31　❷ 18　❸ 13　❹ 14
❺ 39　❻ 16　❼ 27 あまり 1
❽ 11 あまり 2　❾ 10 あまり 7

⑱ まとめテスト ④　18ページ

1 ❶ 347　❷ 291
❸ 165 あまり 2
❹ 108 あまり 4
❺ 39　❻ 84　❼ 53 あまり 3
❽ 67 あまり 2　❾ 96 あまり 4

⑲ わり算の暗算 ①　19ページ

1 ❶ 13　❷ 32　❸ 22　❹ 17
❺ 13　❻ 29　❼ 24　❽ 15
❾ 12　❿ 41　⓫ 14　⓬ 17
⓭ 29　⓮ 16

⑳ わり算の暗算 ②　20ページ

1 ❶ 170　❷ 130　❸ 120
❹ 110　❺ 340　❻ 150
❼ 260　❽ 120　❾ 380
❿ 120　⓫ 140　⓬ 140
⓭ 170　⓮ 130

㉑ 計算のじゅんじょ　21ページ

1 ❶ 860　❷ 420　❸ 31
❹ 40　❺ 80　❻ 44　❼ 2
❽ 20　❾ 34　❿ 57
⓫ 140　⓬ 3

≫考え方 (　)のついた計算では，(　)の中を先に計算します。また，かけ算やわり算は，たし算やひき算より先に計算します。

㉒ 計算のきまり ① 22ページ

1 ❶98 ❷197 ❸38
❹779 ❺1174
❻172 ❼80 ❽360
❾1300 ❿17000
⓫9000 ⓬35000

》考え方 ❺ 613+174+387
=174+(613+387)
=174+1000=1174
⓫ 8×9×125=9×(8×125)
=9×1000=9000

㉓ 計算のきまり ② 23ページ

1 ❶320 ❷700 ❸350
❹100 ❺30 ❻5 ❼972
❽776 ❾4590 ❿1683

》考え方 ❹ 25×9−5×25
=25×(9−5)=25×4=100
❽ 97×8=(100−3)×8
=100×8−3×8=800−24=776

㉔ 小数のたし算 ① 24ページ

1 ❶5.49 ❷6.72 ❸0.94
❹9.7 ❺11.14 ❻6
❼11.81 ❽12.59 ❾9.32
❿10.08 ⓫8 ⓬10

㉕ 小数のたし算 ② 25ページ

1 ❶5.787 ❷6.583
❸6.963 ❹3.919
❺0.53 ❻0.9 ❼4.8
❽8.07 ❾6.909 ❿7.005
⓫8.437 ⓬12.064

㉖ 小数のひき算 ① 26ページ

1 ❶5.34 ❷4.04 ❸1.74
❹8.8 ❺6.02 ❻1.04
❼0.58 ❽0.49 ❾2.03
❿2.47 ⓫0.84 ⓬7.48

㉗ 小数のひき算 ② 27ページ

1 ❶8.156 ❷3.312
❸3.287 ❹8.256
❺0.225 ❻1.623
❼0.499 ❽4.528
❾3.917 ❿0.904
⓫1.074 ⓬6.491

㉘ 小数のたし算とひき算 28ページ

1 ❶7.85 ❷6.5 ❸0.21
❹4.87 ❺4.03 ❻5.2
❼1.92 ❽3

㉙ まとめテスト ⑤ 29ページ

1 ❶43 ❷13 ❸320 ❹370
2 ❶80 ❷72 ❸40
❹160 ❺20 ❻105
3 ❶185 ❷6800 ❸686
❹2369

㉚ まとめテスト ⑥ 30ページ

1 ❶7.89 ❷8.2 ❸10.43
❹3.568 ❺3.51 ❻4.27
❼2.34 ❽0.305 ❾2.932
2 ❶5.05 ❷3.41

㉛ 何十でわるわり算 31ページ

1 ❶ 2 ❷ 4 ❸ 1 あまり 40
❹ 2 あまり 10 ❺ 1 あまり 20
❻ 4 あまり 10 ❼ 2 ❽ 6
❾ 9 ❿ 4 ⓫ 4 あまり 30
⓬ 6 あまり 30 ⓭ 4 あまり 40
⓮ 9 あまり 20

㉜ 2けた÷2けた の筆算 ① 32ページ

1 ❶ 3 ❷ 2 ❸ 3 ❹ 7 ❺ 3
❻ 4 ❼ 2 ❽ 3 ❾ 5 ❿ 2
⓫ 7 ⓬ 4

㉝ 2けた÷2けた の筆算 ② 33ページ

1 ❶ 3 あまり 4 ❷ 2 あまり 3
❸ 3 あまり 2 ❹ 5 あまり 8
❺ 2 あまり 10 ❻ 3 あまり 9
❼ 4 あまり 6 ❽ 3 あまり 11
❾ 1 あまり 23 ❿ 2 あまり 10
⓫ 4 あまり 8 ⓬ 3 あまり 7

㉞ 3けた÷2けた の筆算 ① 34ページ

1 ❶ 4 ❷ 9 ❸ 2 ❹ 9 ❺ 5
❻ 8 ❼ 6 ❽ 8 ❾ 7 ❿ 6
⓫ 8 ⓬ 7

㉟ 3けた÷2けた の筆算 ② 35ページ

1 ❶ 8 あまり 1 ❷ 5 あまり 4
❸ 3 あまり 2 ❹ 4 あまり 5
❺ 7 あまり 17 ❻ 6 あまり 10
❼ 5 あまり 16 ❽ 6 あまり 15
❾ 9 あまり 5 ❿ 5 あまり 63
⓫ 8 あまり 30 ⓬ 6 あまり 18

㊱ 3けた÷2けた の筆算 ③ 36ページ

1 ❶ 32 ❷ 25 ❸ 12 ❹ 16
❺ 23 ❻ 37 ❼ 14 ❽ 37
❾ 25

㊲ 3けた÷2けた の筆算 ④ 37ページ

1 ❶ 21 あまり 6
❷ 13 あまり 12
❸ 14 あまり 17
❹ 32 あまり 4 ❺ 18 あまり 9
❻ 25 あまり 10
❼ 12 あまり 4 ❽ 24 あまり 3
❾ 20 あまり 24

㊳ 4けた÷2けた の筆算 38ページ

1 ❶ 216 ❷ 349
❸ 154 あまり 25
❹ 93 ❺ 87
❻ 79 あまり 10 ❼ 106
❽ 430 あまり 13
❾ 84 あまり 36

㊴ 4けた÷3けた の筆算 39ページ

1 ❶ 16 ❷ 27 ❸ 33 ❹ 15
❺ 43 ❻ 24
❼ 14 あまり 76
❽ 39 あまり 9
❾ 18 あまり 96

㊵ わり算のくふう　40ページ

1 ❶ 90　❷ 120
❸ 43 あまり 10　❹ 8　❺ 13
❻ 5 あまり 500　❼ 40　❽ 28
❾ 30 あまり 100　❿ 35
⓫ 180　⓬ 66 あまり 200

≫考え方 終わりに 0 のある数のわり算は，わる数の 0 とわられる数の 0 を同じ数だけ消してから計算できます。あまりがでたときは，消した 0 の数だけ 0 をつけます。

㊶ 3 けた÷2 けた の虫食い算　41 ページ

1 ❶ ア 2，イ 9，ウ 3，エ 5，
オ 4，カ 2，キ 4，ク 3，
ケ 2，コ 4，サ 3
❷ ア 3，イ 3，ウ 3，エ 3，
オ 1，カ 0，キ 5，ク 9
❸ ア 2，イ 5，ウ 1，エ 4，
オ 3，カ 3，キ 9，ク 7，
ケ 8，コ 5
❹ ア 2，イ 3，ウ 6，エ 3，
オ 8，カ 8，キ 5，ク 7，
ケ 6

≫考え方 ❶ 78÷27 を計算して，ア=2。エオ=54。カキ=78−54=24。
27×イ=24ク となるイは 9 しかありません。
❷ 3イ×1=エ3 より，イ=3，エ=3。
キ=5 より，ク=15−6=9。
ア=99÷33=3
❸ ウ7×ア の一の位《くらい》が 4 なので，ア=2。ク=7 より，コ=7−2=5。ウ7×イ の一の位が 5 なので，イ=5。ウ7×5 が 2 けたになるウは 1 しかありません。
❹ キ=5 より，ケ=15−9=6。
オ=8×1=8，4ウ−エ8 のあまりが 1 けた(カ)になることから，エは 3 か 4 になります。エ=4 のとき，ウ=9 しかなく カ=1 となりますが，クにはいる数がありません。
よって，エ=イ=3 とわかります。
38×ア の一の位が 6 で，2 けたになるので，ア=2 とわかります。

㊷ 4 けた÷2 けた の虫食い算　42 ページ

1 ❶ ア 9，イ 6，ウ 1，エ 8，
オ 8，カ 1，キ 5，ク 7，
ケ 5，コ 6，サ 7
❷ ア 2，イ 8，ウ 0，エ 6，
オ 7，カ 6，キ 3，ク 0，
ケ 4，コ 3，サ 0，シ 4
❸ ア 5，イ 4，ウ 1，エ 9，
オ 1，カ 0，キ 2，ク 9，
ケ 7，コ 6，サ 7，シ 6

≫考え方 ❶ イ3×2 の十の位《くらい》が 2 で，3 けたになるので，イは 6 しかありません。
サ=8−1=7 で，63×ア の一の位が 7 なので，ア=9 です。
❷ 1ウエ÷38 なので，ア=2 です。
ア=2 より，オカ=38×2=76
ケ=4，シ=4−0=4 より，38×イ の一の位が 4 なので，イは 3 か 8 が考えられます。キ=1ウ−7 なので，キは 3 より大きい数です。よって，イ=8 とわかります。
コサシ=キクケ=38×8=304。
❸ コ=6 より，シ=6−0=6。
ここで，ク5 に注目すると，オカキ−ク5 が 1 けた(ケ)になることから，クは 9 しかありません。次に，ウエ×ア=95 なので，その組み合わせは，(ウエ，ア)=(95，1)，(19，5) が考えられます。ウエ=95 のとき，サシも 95 となり，シ=6 にはな

りません。よって，(ウエ，ア)=(19，5)とわかり，イ=4，サシ=76，ケ=7 となります。

㊸ まとめテスト ⑦ 　43 ページ

1 ❶ 4　❷ 2　❸ 5　❹ 3 あまり 4
❺ 8 あまり 2　❻ 2 あまり 12
❼ 4　❽ 8　❾ 9
❿ 6 あまり 11　⓫ 7 あまり 5
⓬ 9 あまり 20

㊹ まとめテスト ⑧ 　44 ページ

1 ❶ 29　❷ 16　❸ 18 あまり 6
❹ 327　❺ 87
❻ 74 あまり 7　❼ 23
❽ 25　❾ 18 あまり 90

㊺ 計算の見積もり ① 　45 ページ

1 ❶ 800　❷ 500　❸ 520
❹ 800　❺ 10400　❻ 1200
❼ 12000　❽ 3000
❾ 10500　❿ 2800
⓫ 90000　⓬ 20000

》考え方 十の位までのがい数にするときは一の位の数字を，百の位までのがい数にするときは十の位の数字を，千の位までのがい数にするときは百の位の数字を四捨五入します。また，上から 2 けたのがい数にするときは上から 3 けた目の数字を四捨五入します。
❶ 286 の十の位の数字 8 を切り上げて 300，529 の十の位の数字 2 を切り捨《す》てて 500 となるので，
300+500=800 です。

㊻ 計算の見積もり ② 　46 ページ

1 ❶ 72000　❷ 50000
❸ 120000　❹ 70000
❺ 1200000　❻ 300000
❼ 2000000　❽ 400
❾ 100　❿ 200
⓫ 500　⓬ 30

》考え方 ❶ 90×800=72000
❽ 8000÷20=400

㊼ 分数のたし算 ① 　47 ページ

1 ❶ $\frac{5}{4}\left(1\frac{1}{4}\right)$　❷ $\frac{8}{7}\left(1\frac{1}{7}\right)$
❸ $\frac{11}{9}\left(1\frac{2}{9}\right)$　❹ $\frac{8}{5}\left(1\frac{3}{5}\right)$
❺ $\frac{13}{8}\left(1\frac{5}{8}\right)$　❻ $\frac{7}{6}\left(1\frac{1}{6}\right)$
❼ $\frac{7}{3}\left(2\frac{1}{3}\right)$　❽ $\frac{11}{5}\left(2\frac{1}{5}\right)$
❾ 2　❿ $\frac{12}{7}\left(1\frac{5}{7}\right)$
⓫ 2　⓬ $\frac{14}{9}\left(1\frac{5}{9}\right)$

㊽ 分数のたし算 ② 　48 ページ

1 ❶ $1\frac{3}{5}\left(\frac{8}{5}\right)$　❷ $1\frac{5}{6}\left(\frac{11}{6}\right)$
❸ $2\frac{5}{7}\left(\frac{19}{7}\right)$　❹ 4
❺ $3\frac{2}{9}\left(\frac{29}{9}\right)$　❻ $2\frac{3}{8}\left(\frac{19}{8}\right)$

⑦ $3\frac{2}{3}\left(\frac{11}{3}\right)$　⑧ $3\frac{4}{5}\left(\frac{19}{5}\right)$

⑨ $4\frac{5}{7}\left(\frac{33}{7}\right)$　⑩ $4\frac{7}{9}\left(\frac{43}{9}\right)$

⑪ $4\frac{1}{2}\left(\frac{9}{2}\right)$　⑫ $6\frac{3}{8}\left(\frac{51}{8}\right)$

㊾ 分数のひき算 ①　49ページ

1 ① $\frac{4}{5}$　② $\frac{3}{4}$　③ $\frac{5}{7}$

④ 2　⑤ $\frac{2}{9}$　⑥ 1

⑦ $\frac{4}{7}$　⑧ 1　⑨ $\frac{5}{6}$　⑩ $\frac{4}{5}$

⑪ $\frac{7}{3}\left(2\frac{1}{3}\right)$　⑫ $\frac{7}{6}\left(1\frac{1}{6}\right)$

㊿ 分数のひき算 ②　50ページ

1 ① $1\frac{1}{3}\left(\frac{4}{3}\right)$　② $2\frac{1}{4}\left(\frac{9}{4}\right)$

③ $2\frac{3}{8}\left(\frac{19}{8}\right)$　④ $3\frac{2}{5}\left(\frac{17}{5}\right)$

⑤ $2\frac{4}{7}\left(\frac{18}{7}\right)$　⑥ $2\frac{1}{3}\left(\frac{7}{3}\right)$

⑦ $1\frac{1}{5}\left(\frac{6}{5}\right)$　⑧ $1\frac{1}{4}\left(\frac{5}{4}\right)$

⑨ $2\frac{5}{9}\left(\frac{23}{9}\right)$　⑩ $2\frac{3}{7}\left(\frac{17}{7}\right)$

⑪ $\frac{1}{6}$　⑫ $4\frac{3}{8}\left(\frac{35}{8}\right)$

51 まとめテスト ⑨　51ページ

1 ① 1000　② 500

③ 5000　④ 5000

⑤ 9100　⑥ 2800

2 ① 15000　② 240000

③ 1200000　④ 32000000

⑤ 300　⑥ 20

52 まとめテスト ⑩　52ページ

1 ① $\frac{8}{7}\left(1\frac{1}{7}\right)$　② $\frac{3}{8}$

③ $\frac{19}{9}\left(2\frac{1}{9}\right)$　④ $\frac{3}{5}$　⑤ 2

⑥ 1　⑦ $3\frac{1}{3}\left(\frac{10}{3}\right)$　⑧ $1\frac{2}{7}\left(\frac{9}{7}\right)$

⑨ $4\frac{3}{5}\left(\frac{23}{5}\right)$　⑩ $3\frac{5}{9}\left(\frac{32}{9}\right)$

⑪ $5\frac{3}{4}\left(\frac{23}{4}\right)$　⑫ $1\frac{5}{6}\left(\frac{11}{6}\right)$

53 小数のかけ算 ①　53ページ

1 ① 1.2　② 3.6　③ 2.7

④ 4　⑤ 3.6　⑥ 3.5

⑦ 0.04　⑧ 0.24　⑨ 0.81

⑩ 0.32　⑪ 0.2　⑫ 0.21

⑬ 0.3　⑭ 0.42

54 小数のかけ算 ②　54ページ

1 ① 12.8　② 24.3　③ 5.2

④ 43.2　⑤ 34.3　⑥ 21

⑦ 42.6　⑧ 191.8　⑨ 2.52

⑩ 4.9　⑪ 18.54　⑫ 27

»考え方 小数に整数をかける筆算は，整数のときと同じように計算してから，かけられる数の小数点の位置《いち》にそろえて，答えの数に小数点をうちます。

㊺ 小数のかけ算 ③ 55ページ

1 ❶ 14.4 ❷ 19.6 ❸ 51
❹ 4.23 ❺ 3.12 ❻ 1.7
❼ 0.78 ❽ 2.73 ❾ 41.76
❿ 26.32 ⓫ 29.6 ⓬ 16.1

㊻ 小数のかけ算 ④ 56ページ

1 ❶ 29.9 ❷ 95.2
❸ 182.4 ❹ 169.2
❺ 202.8 ❻ 264.6
❼ 277.2 ❽ 554.4
❾ 890.1 ❿ 703
⓫ 235.98 ⓬ 110.43

㊼ 小数のわり算 ① 57ページ

1 ❶ 0.4 ❷ 0.3 ❸ 0.6 ❹ 0.9

2 ❶ 2.3 ❷ 3.9 ❸ 1.2
❹ 3.7 ❺ 4.3 ❻ 12.1
❼ 20.9 ❽ 0.17 ❾ 0.58

》考え方 小数を整数でわる筆算は，整数のときと同じように計算してから，わられる数の小数点の位置《いち》にそろえて，答えの数に小数点をうちます。一の位《くらい》に商がたたないときは，「0.」と書きます。

㊽ 小数のわり算 ② 58ページ

1 ❶ 1.2 ❷ 3.2 ❸ 2.8
❹ 2.3 ❺ 4.9 ❻ 2.6
❼ 0.3 ❽ 0.8 ❾ 0.14
❿ 2.7 ⓫ 0.04 ⓬ 0.09

㊾ 小数のわり算 ③ 59ページ

1 ❶ 12 あまり 1.4
❷ 24 あまり 2.2
❸ 13 あまり 0.8
❹ 20 あまり 2.3
❺ 9 あまり 0.2 ❻ 4 あまり 4.6
❼ 2 あまり 9.7 ❽ 5 あまり 8.4
❾ 4 あまり 4.8 ❿ 2 あまり 2.5
⓫ 3 あまり 0.9
⓬ 7 あまり 10.1

》考え方 小数のわり算であまりもだすときは，わられる数の小数点の位置《いち》にそろえて，あまりの数に小数点をうちます。

㊿ 小数のわり算 ④ 60ページ

1 ❶ 3.5 ❷ 4.5 ❸ 7.4
❹ 0.25 ❺ 0.75 ❻ 0.4
❼ 2.25 ❽ 1.84 ❾ 0.125

》考え方 わられる数の一の位《くらい》の数字の右側《みぎがわ》に小数点をうって，その右に 0 をつけたしてわり切れるまで計算を続《つづ》けます。

(61) 小数のわり算 ⑤ 61ページ

1 ❶ 1.85 ❷ 1.45 ❸ 0.65
❹ 1.05 ❺ 0.675 ❻ 1.25
❼ 0.35 ❽ 0.56 ❾ 2.04

(62) 小数のわり算 ⑥ 62ページ

1 ❶ 0.5 ❷ 0.9 ❸ 0.9
❹ 6.7 ❺ 2.2 ❻ 2.5

》考え方 四捨五入して $\frac{1}{10}$ の位までのが

い数で求めるので，商は $\frac{1}{100}$ の位まで計算します。

2 ❶ 2.4 ❷ 1.1 ❸ 1.6

㊸ まとめテスト ⑪ 63ページ

1 ❶ 12.6 ❷ 47.6 ❸ 10.8
❹ 66 ❺ 3.12 ❻ 17.04
❼ 27.6 ❽ 95.4 ❾ 142.6
❿ 6 ⓫ 73.68 ⓬ 2503.8

㊹ まとめテスト ⑫ 64ページ

1 ❶ 1.7 ❷ 1.4 ❸ 3.6
❹ 0.9 ❺ 1.25 ❻ 0.34

2 ❶ 3.7 ❷ 1.6 ❸ 1.4

㊺ 面積の計算 ① 65ページ

1 ❶ 28 cm^2 ❷ 25 cm^2
❸ 36 cm^2 ❹ 96 cm^2

考え方 ❸ 24÷4=6(cm)
6×6=36(cm^2)
❹ 40−8×2=24(cm)
24÷2=12(cm)　8×12=96(cm^2)

2 ❶ 6 ❷ 8

㊻ 面積の計算 ② 66ページ

1 ❶ 58 cm^2 ❷ 71 cm^2
❸ 68 cm^2 ❹ 150 cm^2

考え方 ❶ 7×(10−6)+5×6=58(cm^2)
または，7×10−(7−5)×6=58(cm^2)
❷ 5×11+4×4=71(cm^2)
❸ 8×10−3×(10−3×2)=68(cm^2)
❹ 1 辺《へん》が 5 cm の正方形 6 こ分なので，
5×5×6=150(cm^2)

㊼ 面積の計算 ③ 67ページ

1 ❶ 45 cm^2 ❷ 230 cm^2
❸ 180 cm^2 ❹ 84 cm^2

考え方 ❶ 6×9−3×3=45(cm^2)
❷ 大きいほうの長方形の面積は，
(5+8+5)×(5×3)=270(cm^2) だから，
270−8×5=230(cm^2)
❸ 色のついていない部分をはしによせると，色のついた部分はたてが
14−4=10(cm)，横が 18 cm の長方形になるから，10×18=180(cm^2)
❹ 色のついていない部分をはしによせると，色のついた部分はたてが
9−2=7(cm)，横が 14−2=12(cm) の長方形になるから，7×12=84(cm^2)

㊽ 面積の計算 ④ 68ページ

1 ❶ 10000 ❷ 100
❸ 10000 ❹ 1000000
❺ 100 ❻ 100

2 ❶ 6 a ❷ 4 ha ❸ 84 ha

㊾ まとめテスト ⑬ 69ページ

1 ❶ 77 cm^2 ❷ 66 cm^2
❸ 71 cm^2 ❹ 143 cm^2

考え方 ❸ 6×5+(6−3)×(12−5−4)
+8×4=71(cm^2)
❹ 11×(17−4)=143(cm^2)

㊿ まとめテスト ⑭ 70ページ

1 ❶ 35 m^2 ❷ 16 a
❸ 18 ha ❹ 24 km^2

2 ❶ 25 a ❷ 500 m

考え方 ❷ 6 ha=60000 m^2
60000÷120=500(m)